EL DRAC DEL CUL FLAMEJANT

LA NIT DE NADAL

UN CONTE NADALENC I ABRASADOR

Era la nit de Nadal i a tota la casa
ni una criatura es movia, ni el ratolí s'hi atrevia.

Ben penjats a la llar de foc hi havia els mitjons,
brillaven esperant regals plens d'emocions.

Els grans estaven arraulits amb l'escalfor del seu llit,
flocs de neu i raigs de lluna al seu cap eren un brunzit.

I jo, amb pijama i el peluix ben fort agafat,
m'estava preparant per deixar el llum apagat.

Quan de sobte vaig sentir un soroll estrany:

Com un ding-ding de campanes…

… o un clinc-clinc de joguines.

Vaig córrer cap a la finestra i vaig quedar bocabadada
en veure la màgia que els meus ulls engarlandava.

Era el Pare Noel vestit de vermell de cap a peus,
amb una barba ondulant que lluïa com la neu
i un trineu amb pols d'estrelles que flamejava pel cel…

I hi havia un ren en forma de drac
de més de 15 metres de llarg.

Espera.

Acabo de dir «drac»? Això no sona gaire verdader.
I com és que el Pare Noel sembla més aviat un cavaller?

—SORPRESA! –va cridar el drac–. Som el Sir Wayne i jo!
El Pare Noel no podrà venir, perquè de Berlín no pot sortir.

Però no et preocupis: estàs en bones mans, tu! Coneixem tots
els moviments del Pare Noel. Som els seus fans número 1!

Llavors el trineu va xocar amb una tanca i el cavaller va cridar:
—Aterratge d'emergència! Drac, COMPTE!

Van XOCAR contra un arbust i es van ESTAMPAR contra un arbre.

De sobte van creuar pel mig d'un cobert...

...i els va RESLLISCAR
un esquí.

Els regals volaven fent tombs d'un costat a l'altre,
i tots dos van rodolar fins a la porta com una bola de neu...

Vaig baixar amb el Teddy les escales corrents,
però el drac i el cavaller van aterrar amb neu fins a les dents.

—No tinguis por –va dir el Sir Wayne–. Només ho he
calculat malament.
La resta d'aquesta nit tindrà un perfecte to nadalenc!

Som èpics amb els arbres i genials amb la decoració.
Podem penjar totes les estrelles
i brillar sense parangó.

La nostra purpurina és preciosa i la nostra il·luminació és fabulosa.

El cavaller ens portarà campanes, llaços i boles.

Fins i tot podem preparar un pica-pica i fer el sopar.

Aquest pastís de xocolata i cols de Brussel·les és un èxit total!

Els nostres paquets són espaterrants.
No hi ha cap parell de mitjons amb un aspecte tan fascinant.

Tots els nostres regals són perfectes.   Cada regal és l'ideal.

—Ningú organitza el Nadal com el cavaller i el drac!

Aleshores, el Sir Wayne va dir
amb el dit aixecat:
—Encara no hem acabat.

És l'hora d'un final bestial
que mai oblidaràs.

I va ficar la mà al seu sac
buscant un petit tros de carbó.

LLISTA
D'ENTRE-
MALIATS

Després el va llançar al drac,
que se'l va empassar com
un bombó.

El carbó va trobar una espurna en algun lloc del fons del drac.
La panxa li brillava com l'or i els se li van obrir els ulls de bat a bat.

—Tots a bord! –va cridar el Sir Wayne, i van sortir volant del menjador
fent un espectacle sorprenent de cabrioles, giravolts i salts per la neu...

—Viscaaa! –va cridar el Sir Wayne–. Això és el que ens cal.
Una entrega de regals a una velocitat brutal.

No hi ha res a la vida tan divertit com això,
una cursa al voltant del món sobre un cul
explosiu com un tro!

I mentre desapareixien de la vista sobre aquella flama enlluernadora,

vaig veure que el drac em feia l'ullet i vaig sentir que exclamava:

—Bon Nadal i bona nit a tothom.
Que els teus mitjons estiguin plens i els teus baixos ben ardents.

Per a la mare i el pare

El drac del cul flamejant la nit de nadal

Text i il·lustracions: Beach

1a edició: novembre de 2025

Títol original: *The Dragon with the Blazing Bottom at Christmas*

Traducció: Lidia Bayona
Maquetació: Carol Briceño
Correcció: Júlia Canovas

© 2024, Beach
Publicat per l'acord amb Simon & Schuster UK Ltd.
1st Floor, 222 Gray's Inn Road, London, WC1X 8HB. UK. A Paramount Company
(Reservats tots els drets)

© 2025, Ediciones Obelisco, SL
(Reservats els drets per a la llengua catalana)

Edita: Picarona, segell infantil d'Ediciones Obelisco, SL
Collita, 23-25. Pol. Ind. Molí de la Bastida
08191 Rubí - Barcelona
Tel. 93 309 85 25
A/e: picarona@picarona.net
www.picarona.net

ISBN: 978-84-9145-766-4
DL B 12475-2024

Printed in China